누구도 떠올리지 않고 가위바위보

고은수
부산에서 태어났다.
부산대학교 윤리교육과를 졸업했다.
2016년 『시에』를 통해 시인으로 등단했다.
시집 『히아신스를 포기해』 『모자를 꺼내 썼다』 『누구도 떠올리지 않고 가위바위보』,
동시집 『선물』을 썼다.
2014년 동서문학상 본상을 수상했다.

PARAN IS 13 누구도 떠올리지 않고 가위바위보

1판 1쇄 펴낸날 2025년 8월 10일
지은이 고은수
인쇄인 (주)두경 정지오
디자인 이다경
펴낸이 채상우
펴낸곳 (주)함께하는출판그룹파란
등록번호 제2015-000068호
등록일자 2015년 9월 15일
주소 (10387) 경기도 고양시 일산서구 중앙로 1455 대우시티프라자 B1 202-1호
전화 031-919-4288
팩스 031-919-4287
모바일팩스 0504-441-3439
이메일 bookparan2015@hanmail.net

ⓒ고은수, 2025, printed in Seoul, Korea

ISBN 979-11-94799-07-8 03810

값 12,000원

*이 책 내용의 전부 또는 일부를 재사용하려면 반드시 저작권자와 (주)함께하는출판그룹
파란 양측의 동의를 받아야 합니다.
*잘못된 책은 바꾸어 드립니다.
*지은이와의 협의 하에 인지는 생략합니다.
*이 책은 2025년 부산광역시, 부산문화재단 〈부산문화예술지원사업〉으로 지원을 받았
습니다.

누구도 떠올리지 않고 가위바위보

고은수 시집

시인의 말

화병의 꽃이 시들었다
오가며 수십 번은 눈을 맞춘 꽃이다
세세하게 잘라 기억을 묻는다

아름다움은 그런 것

차례

시인의 말

제1부
목백일홍이라고 했다 - 11
중앙공원 - 12
여름 저녁에 - 14
꽃이 비어 있는 시간 - 15
모두 외롭다 - 16
妙 - 18
칸나 - 20
오늘의 기분 - 22
여름날 - 23
쓴맛 - 24
컵이 곁에 있다 - 25
판 - 26
여름 하오 - 28
사랑이 오는 길 - 30
서풍이 분다 - 32

제2부
요즘 자유에 대해서 생각하고 있어요 - 37
소설이 문제였다 - 38
내일은 바다 - 40
바다는 아무것도 모른다네 - 42
빗속을 걸었다 - 44

방충망을 사이에 두고 - 45

운김 - 46

입소리 - 47

화분에게 - 48

가을이 있는 창 - 49

가족사진 - 50

갈전리에서 - 51

외로움의 얼굴을 보라 - 52

영혼이 트이는 곳 - 54

제3부

이렇게 하면 되죠 - 57

아직 흙 묻은 신발을 털지 못했네 - 58

언젠가 금강 - 60

모자 - 62

비무장지대 - 63

내전은 멈추지 않고 - 64

선인장의 나라 - 66

지구도 흐뭇 - 67

라벤더 - 68

흰 꽃을 삽니다 - 69

십이월 - 70

겨울의 운현궁 - 71

절박함이 오늘을 낳았네 - 72

눈이 푹푹, - 74

제4부

동백 여자 - 79

그 앞에서 카톡을 했지 - 80

사월 - 82

배웅 - 83

안부를 묻다 - 84

오늘의 일기 - 86

엄마의 거울 - 87

저 여자 - 88

금강 여울에 꾸구리가 산다네 - 90

백지 앞에 앉았다 - 92

쓰기 - 93

읽기 - 94

답장 - 96

귀가 순해져 - 97

이팝꽃 핀 날 - 98

해설
박성현 어렴풋하면서도 충만한 그리움 같은 - 99

제1부

목백일홍이라고 했다

혓바닥이 타오른다
마지막 물기운마저 사라진
우물 바닥처럼

태양을 탓할 수는 없는 일
하지만 투덜대는 입술은
부르트고 말지

나는 살아 내고 있었다

숨통이 끊기는 느낌으로
한 백 일 버티는 꽃도 있으니

어느 밤에 달빛이 창으로 왔다
희미한 팔아, 이제 자자!

가끔은 실눈을 뜨고 너를 살폈다

늦여름은 여전히 가파르고
이승의 모퉁이를 꼬불꼬불 돌아간다

중앙공원

―　　아쉬움 같은 건 없어 보인다
　　강아지와 보조를 맞춰서 걸어가는 사람들
　　여섯 개의 발이 경쾌하다

　　초록이 깊어진 나무 곁을 지나간다
　　짙은 색이 겹쳐지는 자리에 여름의
　　음영이 깃들어 있다, 항상 거기서 멈추게 된다

　　좁은 어둠을 다 들여다볼 수 없어서
　　묘해진다

　　지금은 집을 나설 때의 심정이 아니다
　　기분은 바람을 닮아 가고 있다

　　어느 방향으로든 길이 나온다

　　저기 백합도 피었던 자리에서 그대로
　　말라 간다, 꽃잎이 떨어지는 속성이 아니었다

―　　그사이 거리 청소를 마친 누군가는

싸리 빗자루를 비스듬히 세워 두었다

여기서 만나자, 약속은 없었지만
여기로 들어서는 순간 모두 약속이 된다

여름 저녁에

철쭉이 웃음보를 터뜨렸다. 전염되듯이 옆으로 너울을 이룬다. 고야의 판화에 나오는 관중들처럼 벌어진 입 모양을 하고 있다. 시선도 신기한 쪽으로 쏠린다. 그 사이로 느리게 걸어가는 고양이, 꼬리가 끌고 오는 저녁. 막 시작된 노을도 동네로 내려앉아 식구가 많아졌다. 말소리가 들린다. 아이를 부르는 엄마의 목소리, 거리에서 마주친 어른들은 작은 음성으로 안부를 묻는다. 노란 불빛들이 하나둘씩 켜지면 길 가던 바람도 잠시 벤치에 앉고, 철쭉도 이제 어둡다. 돌아갈 집을 생각해 본다. 저녁은 낮은 음조, 서로를 보듬기 좋은 시간이다.

꽃이 비어 있는 시간

솔직하지 못할 때 가슴속엔
안개가 가득해

나는 원래 그래,

설명하지 않아도 되는 관계가 있다
나를 보여 주면 고개를 끄덕인다

보랏빛 위안이었다가 흰색 분노였다가

격하기만 했던 어제를 생각해 보자

눈을 피하듯 밀쳐 두었던
진실이 이제야 얼굴을 내민다

약한 네 곁에 방황하는 내가 있었던 거지

비어 있는 자리에 찬찬하던
표정들이 가득하다

모두 외롭다

―
다시 꿈을 파쇄한다
빛이 사라지기를 기다린다

커튼을 더 쳐야 되는데
눈으로만 치고 있다

낮은 베개가 싫어서 몸은 자꾸
침대를 밀고,

오늘은 어떻게 되나요,
내일은 가능할까요

안부를 물을 곳이 많아
오히려 입을 닫는다

저녁이 되어서야 물 한 잔을 들고
창가로 간다

모두 외롭다고 말하는데
― 외로워와 모두는 반대말처럼

보인다

妙

一

안동을 넘어간다
여름날이 화끈거린다

우리는 서로 달아오른 얼굴을
가리키며 깔깔 웃었다

정갈한 것은 깊은 산속에
있었다

건축에도 호흡이 있다면
이토록 맑으니 멈출 수 없겠지

개망초를 바라보는 네 뒷모습은
내가 가지기로 했다

산을 정면에 둔 망루까지 과감하기
이를 데 없는 곳

하지만 숨겨 둔 아쉬움도 있어,

一

병산서원 배롱꽃들은
떨어지는
자리가 연못 속이었다

칸나

나는 너에게로 붉어지려고만 했다
다른 마음을 섞는 건 불행한 일이었으므로

이제 나의 귀는 지쳐 가고 있다
철창을 가득 쌓고 말았지

관계에도 길이 있고 잘못 들어가면
감옥을 짓게 된다

칸나가 피고 있는 화단, 유난히 출렁이는
잎사귀를 유심히 본다

척척 접으면 그간의 상처를 감쌀 수도
있을 것 같은데

너는 나에게 더 붉어지라고
붉음을 덧바른다

앞면과 뒷면이 똑같은 열정은 기한이
짧다

먹구름 가득한 저쪽 하늘을 보면
사이사이 순정할 수 없었음을 고백하게 된다

오늘의 기분

　혼자 하는 놀이가 있어요. 팔을 펴서 주위 공기를 손으로 훑는 거예요. 온도를 느끼는 거죠. 그런 뒤에 날씨 앱으로 몇 도인지 맞춰 보는 겁니다. 이제는 거의 정확하죠. 그 순간은 참으로 짜릿하답니다. 하릴없는 짓이라구요? 이리 세상을 사랑해서 어쩌나, 사소한 것이 더 소중해지고 있구나. 하루가 잘게 나눠집니다. 다시 온 계절을, 구름을, 시들어 가는 맨드라미를 궁금해합니다. 몰랐답니다. 맨드라미가 늦여름에 피었다가 지금도 지고 있는 것을. 만져 보면 질긴 근육질이 뻐근합니다. 끝까지 숨 쉬고 있습니다. 살아가는, 살아 내는 온도가 여전히 붉은색입니다. 오늘 기분은 몇 도일까요!

여름날

　모기장 안으로 슬슬 들어왔다. 엄마, 아버지가 싸우면 엄마 목소리가 더 높다. 우리는 갑자기 불우해진 소녀들처럼, 홑이불을 목까지 끌어당기고 산울림의 청춘을 들었다. 엘피판이 구불구불 돌아갈 때 한 가지씩 억울한 생각을 하며, 입으로는 노래를 따라 불렀다. 여름밤이라 덥고 끈적했는데도 언젠가 떠날 청춘을 노래하는 노랫말에 무서운 기분도 들었다. 나는 걱정이 많았고 동생들은 어느새 꼬집기 놀이를 하며 킥킥거리기 시작했다. 우리는 오래 씹다 뱉어놓은 껌처럼 쪼그라들었던 심장을 잊고 까불대는 청춘으로 돌아오고 있었다. 아래층에서 조용히 안 해! 하는 고함이 올라올 때까지, 여름이라 있는 대로 문과 창을 열어 둔 것을 깜박했다.

쓴맛

내 몸속에 포도 한 송이를 배고 말았네

달콤해서 사무치게 그리운

보랏빛 즙으로 멱을 감고도 남을

이런 말은 모두 포도알 터지는 소리

진한 것만이 진실인 줄 알았더니

내가 낳은 건 단맛 빠진 쓴맛이었어

컵이 곁에 있다

눈앞에서 솟구치는 분수처럼 내 심장은 경쾌하다
그리고 오늘 커피 크레마는 완벽하다
풍성한 거품만큼 나는 부품한 바람이 된다
정말 바람이 남천동에서 불어오고 있다
저쪽이 남쪽이 맞다, 계절이 여름으로 들어왔다는
좋은 신호다, 나는 언제나 커피의 신맛을 높이
평가한다
사랑하고 싶었다. 젊었을 때는 남을 사랑하는 법을
배우려고 책을 찾아 읽었다
인문학은 타인의 상처를 이해하는 과정이라고
했다, 또한 커피는 식을수록 그 진심을 드러낸다고
믿고 있다
갑자기 분수가 끊어졌다, 동시에 주위가 고요하다
힘찬 물소리가 나의 기분을 상승시켰던 것을 이제야
깨닫는다, 커피를 마시는 이유를 누군가 묻는다면
마지막 한 모금의 짜릿함을 위해서라고 말할 것이다
그동안 마신 커피의 양은 얼마나 될까, 커피를 마시기
위해 혼자 있었던 시간은 깊었다
내가 나를 열어 주는 길을 더 찾아봐야 한다
마음을 받아먹고 자라난 컵이 곁에 있다

판

一

판이라는 글자를 펼치는 순간,
사람들이 뛰어다니기 시작한다
생생한 공기가 널을 뛴다
왁자지껄 흥정하고
흥얼흥얼 노래하고
고성을 지르며 싸운다

내가 너를 만난 것도 그곳,
뿌연 연막이 춤을 췄지만
너는 또렷이 보였다
우리는 구경하는 척 다가서며
인생의 손을 잡았다
판이 갑자기 한판이 되었다

세상은 오로지 하나의 무대만
있을 뿐,
이리저리 기우는 시소처럼
우리는 성급했다, 심지를 뽑아 먹느라
애먼 꽃에 주저앉기도 했다

一

흥에 겨워 허리를 젖히고 나자빠지는
순간, 판이 뒤집혔다
대륙은 어디 가고 여러 판이 시끄럽다
다시 서로에게 훈수를 둔다
제 판도 접히는 중인 것을 모른다

여름 하오

一　　하루 종일 허술하다

　　팔월 배롱꽃처럼 진지한
　　계획은 어디로 갔는지

　　창으로 향하는 건 반쯤 감긴
　　눈빛뿐

　　보이는 것과 안 보이는 것이
　　섞인 그늘은 아프지 않다

　　음악을 뒤적여서 공간을
　　더 부드럽게 할 수도 있고

　　책상 위의 쓰다 만 글은 가만히
　　찢어서 폐지함으로 넣어도 되는

　　물을 한 잔 먹는 게 낫겠다

─　　조금 더 서늘한 바람이 불어올

때까지 발가락을 까딱거린다

나를 맴도는 허무가 묽다

식어 가는 공기는 연회색 빛을
띠고,

사랑이 오는 길

一 기어이 담장을 넘고 있다

　점잖게 살라고 금을 그어 놓았지만
　궁금하고 새콤한 날들이여

　손톱에 빨간 칠하고 빨간 구두를 신었어요

　힐끗거리는 시선에도 사랑이 오는 길

　능소화야, 능소화야

　앞서가는 바람을 따라가다 바람이
　돌아서면,

　금세 얼굴이 달아오르지

　붉은 얼굴에 다시 열이 올라
　속옷까지 물드는 꽃

二 노을이 지기를 기다리는

앙큼한,

서풍이 분다

지금 부는 바람은 늦여름 하오를
닮았다

울고 싶기도 하고
한숨이 나올 것 같기도 하고

그리움도 내가 나를 봐 줄 때
찾아오는 것이었다

어느 창이든 풀려나오는 것이
있기를 기도했다

함께 버텨 온 시간이 있어서
매미 소리는 다시 시작된다

소란스러운 감정들이 이곳을
흔들도록 내버려두자

얌전하던 커튼이 반응을 보인다

이마의 땀방울이 수고를 내려놓고
진정으로 식고 있어

여름이 조금씩 비켜나고 있다

제2부

요즘 자유에 대해서 생각하고 있어요

우리 동네는 까마귀가 많이 늘었어요
까치는 좀 없어진 것 같아요
아주 검은 새가 몸집도 커다란데
어디든 진을 치고 앉아 있는 걸 보면
저 새는 거리낌이 없구나,
세상 시비에 덩달아 예민해져요
아무것도 모르면서 모두 아는 것처럼
날개를 덮치는 존재들 때문에 몸이 아파요
몸부림치다가 붉게 상처를 입고 말죠
장미는 단지 피었다가 지고 있을 뿐인데
합죽해지는 표정을 사진에 담고 집에 와서
어둡게 지는구나,
장미 안으로 들어가려던 마음을 놓치고
어느새 산만해져 버리죠
어제의 고민이 내일의 미움과 닮아 있어도
골목을 지나듯이 할 수 있을까요
멀리 있는 누구도 떠올리지 않고 바로 이곳을
느껍게 느낄 수는 없을까요

소설이 문제였다

갓을 썰고 있었다
뻣뻣한 것이 너풀거리기까지 해서
손톱이 딸려 들어갔다
피가 옆으로 새어 나오는데
요오드 액을 바르려다 병째 쏟았다
싱크대가 핏물이랑 빨간약이랑
섞여서 갑자기 분위기가 섬뜩해졌다
요즘 읽고 있는 소설이 문제였다
손가락이 잘린 사람이 그 손가락을
봉합하는 수술을 하고 나면 한동안
수술 부위를 일정하게 바늘로 찔러서
신경이 죽지 않도록 해 줘야 한다는
에피소드, 저절로 어깨가 움츠러든다
눈살이 찌푸려진다
주인공은 그 사람의 집에 있는 새에게
물을 주려고 서울을 떠나 한라산 중산간
폭설에 갇히며 집을 찾고 있었다
고통의 칼을 서로의 가슴 사이에 두고
깊이 끌어안는 사람들이라니,
갓은 알고 있는지 모르고 있는지

여전히 싱싱하고 밴드 싸맨 내 손가락을
무심히 보고 있다

내일은 바다

一
하루하루가 실험이다
감당한다, 못한다, 한다, 한다

TV 속 토끼는 염려를 잴 틈도 없이
뛰어다니고, 결국 불화하고 만다

하얀 종이를 꺼낸 것은 나의 실수
안개비를 맞아야 했다

숨을 데가 없이 내 것이 되고 있다
젖어 오는 것들과 씨름한다

언제부턴가 눈을 감고 쉰다는 말이
낯설다, 적들이 보인다

나는 온전해질 수가 없구나

내일은 바다

二
수평선에 걸려 있는 것들을

걷으러 간다

돌아올 때의 심정까지 생각하고
가는 건 아니다

바다는 아무것도 모른다네

　

아픔이 있네
막다른 허무가 오늘을 희롱하네

보이지 않는 것과 싸우다가
곧 지치네

바다는 천연덕스럽게 거대하고
바라보는 해안선은 너무 사소해

꼴사나운 것이 시선을 잡아끄네
까부는 것이 검은 날개를 펼치네

앞서간 발자국을 피하다가

나는 모래가 되네
다시 파도가 되네

맨발이 묻힐 때마다 작은 무덤이
생겨나

소망은 두고 가라 하네
저기 밀려오는 것들이 있네

빗속을 걸었다

一

우산이 무거워지고 있다
가볍게 걸을 비가 아니다
가을에도 이런 비가 오는구나
거리에 사람들은 서둘러
돌아가고, 나만 혼자 채워진다

손을 내밀어 비를 맞아 본다
나를 질책하는 듯이 때린다
마구 쏟아 내니 과오가 아프다
상처받았을 너를 향해 쓰고
찢어 버린 일기의 날들
우산을 기울이고 죄책감을
털어 내려 해도 발이 젖어 버려

끝내 모퉁이에서 능소화와
마주쳤다
사과하는 마음은 저렇게
붉은빛이겠지
바닥에는 미안해, 미안해
二 전하지 못한 마음이 흥건하다

방충망을 사이에 두고

말벌이 코앞에 있다
이토록 자세하게 생김새를 본 것은
처음이다
상당히 공격적으로 생겼다
날갯짓을 보니 안으로 들어오고 싶어
안달이 난 모양새다
나도 자리를 뜨지 않고 속으로
짜릿하다 할까 고소하다 할까
당돌하게 말벌을 응시한다
너는 괜한 힘을 빼고 있구나
위협 앞에서 팔짱을 낀다
이젠 누가 알짱거리는 건지
애매하게 되었다
말벌은 윙윙거리고
나는 트위스트 스텝을 밟아 본다
뒤로 돌아서 또 한 번,

온김

— 고양이가 소나무 가지 사이에
고요를 말아 잠들어 있다

그것도 대낮에 잠들었다

그의 날들은 대체로 좌우를 경계하며 소리 없이
화단 사이를 오가던, 꼬리는 긴장돼 있었다

모퉁이에서 마주치면 내 눈을 잡아 둔 채로
기를 세우던, 그의 두려움을 보았다

나는 정말 얌전히 지나갔다
고양이의 꿈을 알 수 없었으므로

한 바퀴 돌고 오니

자리만 동그랗게 남아 있다
손대 보지 않아도 따듯하다

—

입소리

할머니는 표정이 담담했다. 기쁨도 슬픔도 넓은 어깨 위에 거뜬히 얹혀 있는 듯, 힘든 내색이 없었다. 늘 자신의 손으로 먹고사셨다. 어둑한 방바닥에 버선본을 놓고, 길이 잘 든 가위로 구불구불한 것들을 오려 냈다. 할머니 솜씨는 날렵한 버선코에서 마무리가 되곤 했다. 나는 그 방에서 노는 게 좋았다. 잡동사니들로 어지러워서 구석이 많았다. 할머니는 다 된 버선을 머리에 이고, 한복 입은 여자들이 있는 집으로 갔다. 호호 웃음소리가 들릴 때 나는 현관에 쪼그리고 앉아, 널려 있는 고무신들을 가만히 봤다. 할머니가 신발을 잘 찾을 수 있을지 걱정하면서. 그때마다 맛난 것을 사 주셨다. 할머니는 황해도 해주 분이다. 한 번씩 입소리를 내는데 어린 내 귀엔 아이호라, 이렇게 들렸다. 그럴 때 나는 할머니가 모르는 산을 넘어가고 있었다. 갑자기 떡 내놓으라, 는 호랑이도 안 만나고 잘 내려가고 있다고. 고단한 날들이 흘려보내는 바람 소리 같았다.

화분에게

나는 눈이 아프고 눈물이 나지 않는다
때로 이유 없이 쏟아지는 비처럼
감정을 부려 보지만 메마르다
끝내 마주할 고백 또 그러기 싫은 것
가슴은 주저하고 있다

또 비어 있는 너를 본다
너를 괴롭힌 건 너무 많은 물이었지
네가 무얼 좋아하는지도 모른 채
나의 눈물을 너에게 주었다
너는 다시 반그늘의 주인이 되었다

오늘은 봄이 오려고 바람이 많이 분다
바람이 억지 부리는 것들을 흔들고 있다
꼼짝없이 내다보고 있는 건 너와 나
우리는 다음 계절에도 눈물을 두고
살아 있는 깊이를 재어 볼 것이다

가을이 있는 창

단풍은 경을 읽고 있습니다
자신에게 무릎을 꿇을 수 있는,
거기까지 가려나 봅니다
한 페이지를 눈물로 적시고
어떤 구원도 스스로 구겨 버릴
작정입니다
같이 울어 줄 반대편이 필요한 거죠
지나온 시간까지 보고 싶다면
이 창으로 와야 해요
나를 여러 겹 벗겨 내면 청신하지 못한
빛깔들이 비밀을 드러내죠
불우함은 따스한 스웨터처럼
우리를 감쌉니다
단풍은 더 넘길 장이 없어 보입니다
주위를 맴도는 바람을 고민합니다
뒤척일수록 생이 선명해지는 반작용은
가혹하기도 합니다
깨달음도 얻기 전에 절실하기만 합니다

가족사진

겨드랑이는 늘 젖어 있다
할 말을 삼키는 버릇이 있는 남자

달팽이가 제집에 깔려 죽지 않는 건
집이 둥글기 때문이듯

남자는 세상을 향한 발톱을 자주
잘라 낸다

쇳가루가 칼칼한 저녁이면
하루치 수고가 황혼에 무거워

수건으로도 털어 낼 수 없는 것들은
소주잔에 저어 저 깊은 곳으로 털어 넣고

뒷주머니 가족사진을 꺼내 볼까, 말까
똑바로 걸으려는 걸음걸이가 비스듬하다

갈전리에서

이곳에 사는 벌레들에게도
잘 부탁한다, 말해 두었습니다

키 큰 감나무 선선한 표정 보니
비 오고 바람 부는 밤에도 울타리가
되겠습니다

털고 남은 깻대들이 가지런하네요
고소한 냄새가 아직 남았습니다

이승의 위안으로 코끝에 품으소서

홀연히 날아와 앉은 까마귀는
무슨 말씀으로 보내신 건가요

내려오는 길에 쑥부쟁이 아쉬운 눈가는
제가 기억하겠습니다

외로움의 얼굴을 보라

一 내가 바라보면
저도 쳐다본다

이름을 찾고 있는데
눈을 깜박거린다

네 가슴속 달이 뜨고
지는, 그곳까지

귀를 대 보면 무슨
소리 들리려나

서로의 고독을 알아볼
수나 있을까

3시 이후의 커피가
베개를 고쳐 벤다

너는 서늘한 등뼈를
二 드러내며 돌아눕고

속속들이 사랑하는
것도 거추장스러워서

나보다 휑한 너를
잠재우기로 한다

영혼이 트이는 곳

—

그렇게 내가 사랑하는 곳을 떠났다
서랍에는 나의 컵과 노트, 그리고
다음 날 일정까지 있었다
한 번씩 운명은 곤두박질친다
작은 캐리어에 서둘러 담고
빠져나왔다
비가 오고 있었고 처량했다
모랫바닥에 동그란 웅덩이들,
지난 기억을 모두 비춰 줄 것 같았다
지금 운다면 황당함을 인정하는 거지
뒤돌아보지 않으려 애썼다
비가 가득 담긴 가방은 여전히 열지
않았다
여는 순간 떠내려갈 것들이 많아서
더 먼 데까지 가야 한다
허용이 수평선을 이루는, 그래서
머리카락이 수시로 일렁거리는 곳!
말하자면 내 영혼이 트이는 곳!

—

제3부

이렇게 하면 되죠

비둘기가 걷고 있어요

사람들이 지나가는 건널목을
같이 건너요

나의 곁눈질에도 아랑곳하지
않고 또박또박 갈 길을 갑니다

이 길이 마음에 든다는 듯이
이렇게 가면 되죠, 하는 듯이

날아오르면 그만일 자리에서
비둘기 생각을 어떻게 알겠어요

이미 바뀌어 버린 신호에도
제 눈알을 더 빨갛게 채웠네요

날도 좋고 가슴도 볼록거리고
그래도 걸음은 좀 빨리, 빨리

아직 흙 묻은 신발을 털지 못했네

一   목은 쉬어 버리고 훠이훠이 손만 젓는다

　　길바닥에 아예 주저앉은 고모들의
　　고무신은 이미 흰빛이 아니다

　　누, 그날 송편 맛있었소

　　돌아서며 눈물을 찍어 내는 이웃이 있어

　　여기 나무는 모두 붉다

　　꽃상여 곱게 흔들리며 간다

　　둔덕 위를 가리키며 저기가
　　내 자리라고 하던 곳

　　꽃이 와도 나비가 날아도 기다림이
　　깊을 자리

一   만장은 뒤쪽으로 나부낀다

겨우 전하는 인사처럼

언젠가 금강

아직 가고 있다

여울이 돌아나가는 자리에
미꾸라지들이 논다

미호종개나
얼룩새코미꾸리 같은,

물속에서 까부는 녀석들
끌고 오는 사이

지천들도 부지런히
닿고 있다

올갱이 잡다가 돌아오지 못했던
어린 날의 동네 사람들

끌어안고 흘러가는 것이 있어
여기가 그리움이다

온몸이 눈물이라
고스란히 반짝인다

젖이 불어 마음 급한
어미처럼

모자

一

이미 고개 숙인 꽃이거나

전하지 못한 편지였거나

서랍 밑에 눌려 있던 노래거나

다시 만날 약속을 못 한 얼굴이거나

一

비무장지대

노랑나비가 지뢰 위에 앉았어요
서로 어쩌다 그렇게 된 거지요
나비는 사귈 만한 친구인지 더듬이로
여기저기 건드려 보네요

지뢰도 나비의 비밀을 골똘히 풀고 있어요
바람의 무게를 잴 수가 없나 봐요
묘한 표정은 무슨 암호일까요
무작정 팔랑대니 졸릴 지경이 되었지요

킁킁거리다 지쳤군요
입맛 떨어진 늑대처럼 시선을 돌립니다

노랑나비도 이런 맛은 싫어합니다
저쪽, 각시붓꽃에게 가 버렸어요

내전은 멈추지 않고

一
눈앞의 고향이 끝장나는
소리가 보인다
낡은 옷을 쥐어뜯다가
울부짖는다, 죄도 없는
얼굴을 감싸안으며

푸슬거리는 흙벽 사이로
놀란 아이들의 눈망울
내해의 말간 물이 출렁이듯
울먹이고 있다

손잡아 주지 못한 이들의
심장도 쪼그라들고
말 없는 지구도 모래바람과
잔돌들에 거칠어진다

다시 사이렌이 울리고
마른 뼈를 드러내며 타오르는
나무들아
二 비밀스럽게 잉태하던 지구는

또 한 번 피를 적시며 유산한다

선인장의 나라

차가운 베란다는 너의 영토, 달빛이 가까운 밤에 흰 꽃을 접는다. 제 살을 감아올린 자리에 흰빛은 위로의 색이다. 아쉬움을 풀어서 스스로 삼킨다. 오가는 말소리가 없어서 속엣말은 자라고, 혼자서 묻고 답하다가 가시만 늘어난다. 그래서 가시는 찌르기만 하는 걸까. 가는 손가락으로 멀리 별자리를 만든다. 더 넓어질 지도를 가슴으로 그리는 일은 잠잠하게 웅장해지는 일. 때로 외로움은 높은 곳에서 빛난다.

지구도 흐뭇

다람쥐가 늦가을 숲에 나타났습니다
조바심이 보입니다
주머니 없는 존재들은 몸이 집입니다
자잘한 근육들이 줄무늬를 입었네요
손과 입이 빠르게 채집을 시작합니다
금세 입안이 볼록해졌습니다
돌아가려다 토실한 먹이를 찾았는데
마다할 이유가 없지요
차례로 챙겨 넣어서 앞니까지 여섯 개
든든하게 준비가 되었습니다
이제 다람쥐에게 말 걸면 안 됩니다
기분이 빵빵합니다
한껏 욕심을 내도 낙엽 위에 서 있는
모습이 전부입니다
지구도 흐뭇해졌습니다
종종걸음치는 겨울로 들여보내도 되겠다,
엉덩이를 살짝 쳐 줍니다

라벤더

—

　지중해의 바닷물은 차갑지 않으리라

　요란하지 않은 내해의 파도가 남부 프랑스 연안을 사랑하는 것을 보면

　라벤더는 먼 곳을 기억하고 한숨을 쉰다, 거실은 깊이 체념한다

　나는 누구도 부르지 않고 내가 가 볼 곳이라고 혼잣말한다

—

흰 꽃을 삽니다

원망이 올라올 때 흰 꽃을 삽니다
꽃집 아가씨에게는 이런 이유를 말하지 않습니다
저를 좋은 사람으로 알고 있거든요
단지 꽃을 산다는 이유만으로
아직 해소되지 않은 심정은 뜨겁습니다
몇 번이나 달아오른 것을 창밖으로 던집니다
물론 깨진 것은 아무것도 없지만 덜컹거리는 어깻죽지는
옆방으로 가서 잘 돌려주어야 합니다
황혼의 감정을 내려다보고 있습니다
집으로 돌아오는 사람들의 어두운 머리가 묵묵합니다
나는 창가를 떠나 다시, 낮에 산 흰 꽃을 봅니다
조금 잎이 벌어지니 희미하게 웃고 있는 것도 같습니다
욕도 피어나면 꽃이 될까요
그래도 두통약은 있어야겠어요

십이월

一
한 번씩 쓸쓸에 내 손을 준다
집 안이 썰렁해서 겹쳐 입은 조끼에
손을 넣듯

쓸쓸이 날이 추워서 집으로 들어왔는지
창이 모두 닫혀서 밖으로 못 나갔는지
나와 같이 밥을 먹고 냉장고를 뒤지고
작은 한숨도 쉰다

나를 뒤집어 보려 빨래 바구니를 쏟아 봐도
만져지는 건 냉랭한 공기

소리 나지 않는 바람을 본다
나무를 통해서만 드러나는 속마음
은유를 사랑해 볼까

어디까지 숨어들어 가도 좋은
작은 새의 꼬리처럼,
쓸쓸이 이제 노래도 한다
二 이러다 휘파람 소리도 내겠다

겨울의 운현궁

모임은 차가웠어. 악수를 했으나 누구신지요. 웃음소리를 커다란 문으로 닫고 나왔지. 무작정 건널목을 건넜는데 우연히 보게 됐어. 교과서에서 봤던 그 운현궁을. 대원군이 살았다는 그곳. 서울 중심가에 관광지인 듯 유적지인 듯 한쪽 자리를 차지하고 있었어. 나는 발도 시리고 넓은 마당으로 들어섰지. 걸으면서 마음을 추스르고 싶기도 했고. 건물은 단아했지. 몇 개의 구역으로 나뉜 기와집. 당시의 세도를 추측할 수 있었어. 하지만 지금은 빈집. 열려 있는 방문 속 식어 버린 모형 음식들, 가구도 조용히 낡아 갈 뿐. 저 사람도 지나가다 들어온 것 같은데, 여기저기 머리를 디미는 모습이 나랑 비슷해 보여. 나는 의자가 없었어. 자리가 없다는 거지. 어쩌다 만나도 반가운, 그런 사람이 되지 못한 거야. 나무도 허전한 이곳은 나에게 어울려. 아무도 맞아 주지 않고, 왔다가 가도 기록이 남지 않는. 쓸쓸한 저녁은 그 맛도 씁쓸하네.

절박함이 오늘을 낳았네

一

구피의 죽음을 뜯어 간다
살짝 작은 양으로 애도한다

네온도 이끼고기도
심각하지는 않다

서로에게 밥이 되는 시간

절박함이 오늘을 낳고 있다
네온의 형광빛은 더욱 빛나고

티베트의 독수리들이 죽은 이의
영혼까지 품고서, 멀리 자잘한
구름으로 데려가듯

지구의 호흡은 이어지고
율동은 천연덕스럽다

바라보는 세계는 부끄럽지 않다

一

주둥이가 남의 피로 범벅이 되어
있지만 생명에 솔직하다

보츠와나 국립공원에도
절실한 나날이 살고 있다

눈이 푹푹,

노인이 길을 간다

하늘을 등에 업은 듯
어깨가 구부정하다

익숙한 실루엣에 허기가
밀려온다

대략 맞춘 간인데
맛있지, 하며 자꾸 권했지

모아 둔 편지함을 한번
열면 멈출 수 없듯이
추억이 바싹 다가앉는다

몸은 잘 있냐,
여기는 눈 와요

울음이 말을 흐려 놓는다
저 안쪽을 누구 앞에 내놓기는

쉽지 않았다

그날 우두커니 앉아 있던 모습은
기다리고 찾는 눈빛이었지

얼음 조각을 긁으면 나는 소리처럼
후회가 날카롭다

만연한 슬픔이다
눈은 푹푹,

제4부

동백 여자

　솔직해서 동백이다. 질펀한 팔자 속이지 않는다. 외로움이 시키는 대로 겁도 없이 한 방에 털어 줬다. 젖가슴을 훤히 드러내고도 부끄러운 줄을 몰랐다. 세상 볼 새가 어디 있남, 제 안의 심장 소리가 요란한걸. 바람에 날려 가는 불티처럼 시시하기 싫었다. 돌아 나올 길은 애저녁에 없어. 뜨겁게 뭉쳐서 한 송이다.

그 앞에서 카톡을 했지

여기 아파트는 장미에 공을 들였다

곳곳에 색색의 장미가 피어서

남의 아파트 안을 홀린 듯 들어서게 된다

어제 태풍이 지나고, 염려 섞인 마음에

꽃 앞에 섰다

장미가 여전히 꿋꿋해

그 앞에서 카톡을 한다

시큰둥한 답이 돌아왔지만

꽃은 내 마음속에서 음표로 바뀌고 있다

돌아 나오면서, 굳이 새로 올라오는

봉오리들을 다 세어 두었다

나만 아는 노래가 만들어지고 있다

사월

봄에 스미싱도 당하고,

꽃도 봄에 본다.

뒤죽박죽인데 아름답다.

배웅

서둘러 길을 나선다

벗어 놓고 간 신발이
분홍빛이다

꽃길만 걷거라

만날 약속이라도 있는 듯
길이 몇 번 모습을 바꿨다

지금 차창에 부딪히는
표정들아

착한 손길은 잡을 수 없고
빠르게 사라진다

꽃 피면 놀러 가자,
다정하게 말하던 사람

이제 꽃이 되어 다녀가네

안부를 묻다

―

노란 꽃이 고스란히 피었다

지상에 별로 내려앉았다

오가던 발걸음을 자주 멈춘다

하늘 보며 찾던 그 이름들

잔잔한 눈인사로 마주 본다

서로의 안부가 살가워서

소리가 없어도 소란할 거다

봄이 오는 이야기

또 봄이 가더라도

무덤에서 살아 나온 빛으로

―

가슴 한편이 온전해졌다

오늘의 일기

—

창을 열고 닫듯이 옹졸해지지 않는다면

멀리 있는 누구도 떠올리지 않고 가위바위보,

이 하루는 뜻밖의 포춘쿠키

—

엄마의 거울

기일에는 서랍 속 거울을 꺼내 본다

요 작은 거울에 입술을 비추며
립스틱을 바르던 모습

어느 봄날 같은 여자, 웃음
소리도 높았지

내 얼굴을 간질이던 나비가
거울 속으로 들어간다

저기 미소 짓는 얼굴을 보고 나면
오늘 마음이 놓인다

저 여자

금세 머리를 매만진 듯 단정하게 차려입은 여자
낡은 가방을 들고 간다
오래된 이야기가 거칠게 구겨져 있다
안에는 다 받지 못한 꽃의 목록이 들어 있을
것이다
간절히 원했지만 결코 받을 수 없었던 항목들을
빼곡이 적어서 머릿속으로 외우며 간다
세상을 목 조르고 싶을 만큼 원망스러웠던
그런 날의 페이지는 더 급하게 써 내려갔는지
중얼중얼 구름으로 뭉쳐져 있다
두꺼운 상처를 찢으면 굵은 비로 쏟아질 것이다

꼭 같이 가 보고 싶었단다. 벚꽃이 화르르 흩날리는 그늘, 먼 데 그리움까지 찍고 싶었지. 잘 나오지 않는 펜에 긁힌 가슴속을 보여 주려고도 했어. 바람은 등으로 지나가고, 오지 않는 것들을 어쩌자고 기다리기만 했는지

길에서 만난 새로운 꽃을 밀어 넣은 듯 가방은
무거워 보인다
혼자만 바라보다 기도가 돼 버린 부겐베리아

사무치는 것을 되뇌며 어디론가 간다
아무리 불러도 돌아보지 않고 그림자를 지우며
사람들 사이로 사라진다
표정을 숨긴 저 여자

금강 여울에 꾸구리가 산다네

一

어디선가 들려오는 함성처럼
꾸구리, 꾸구리

거센 물살에 떠내려가지
않으려면, 그렇죠

돌 틈에 납작하게 수그리고
살아남아야죠

존재에 상처를 받을 때라도
일단 엎드려 있어야 해요

머리 위로 독한 것들이
엉겁결에 쓸려 나가도록

눈만 크게 뜨고 지나가길
기다렸죠

어둠이 내려앉는 시간이에요
눈꺼풀을 닫아야겠어요

二

안을 들여다봅니다
울음이 목구멍으로 넘어가네요

오늘도 결국 싸우지 못했습니다

구붓하게 엎어져서 숨어 있을,
이런 돌 틈이 아직 유효합니다

백지 앞에 앉았다

무슨 말이든 해 보라고 다그치는 애인 같다
그때 왜 말없이 가 버렸는지
따듯한 말이라도 해 보라는 듯,
말간 눈으로 빤히 쳐다본다
할 말이 뭐가 있단 말인가
할 말이 없어서 이렇게 보고 있는 거지
어색할 땐 손가락 춤을 추는 것도 괜찮다
어느 글자를 치는 것도 아니고 안 치는 것도 아닌
자판을 감질나게 하면서 분위기를 푸는 춤 말이다
시간이 쉬어 가는 소리를 본다
줠 수 있는 것도 잡고 싶은 것도 없으나
좋게 보면 좋은 날들이었어
시간에게 해 줄 수 있는 말은 이게 전부다
랄라라랄라라라
기분이 달라지고 있다
커피를 마시면서 돌아볼 것이 생겼다
여름, 가을, 봄, 봄
턱을 괴거나 풀거나 여러 번 찢었을 관계다
그럴듯한 삶을 그리려다 망친 날이 많았다

쓰기

살아 낼 용기는 여기서부터,

납작해지는 마음이 있다
독한 기운이 힘을 잃어버린다

허공에다 쓰는 건 입김 같은 것
간절할 수 있지만 곧 날아가 버려

독백들이 모이면 서로 놀라고
밀어내려다 보듬는다

가을볕이 저토록 하얗게 바래 가듯이
나는 아무것도 바라지 않아요

이런 느낌이 좋다
막막한 종이 위에 나를 맡기고
솔직해지기만 기다리는 일

슬픔이라는 말을 몇 번 썼지만
밀려 나오는 말들이 있어 지워 줬다

읽기

一

죽은 자들의 영혼을
가슴에 품었다
내 키를 뛰어넘는 사상에
이불을 끌어당겨 덮었다
책을 안고 잔 날도 많아
그 꿈을 같이 꾸고 싶었다
낭떠러지 위에 거꾸로 서 있어도
이생을 찬미하겠다, 그 마음이
궁금했다
버스 타고 학교 가는 길,
늘 보던 풍경인데 낯설다
나는 울지는 않았지만 충분히
격해 있었다
어느 날은 니나가 되었다가
어느 저녁엔 러시아 뒷골목을
헤매었다
책의 문을 열었을 때 저곳으로
갈 수 있었다
혁명을 넘어서, 전쟁을 뚫으며
뜨거운 사랑이 흘러나온다

연민이 회오리친다
여기 의무와 진실이 숨어 있다
읽기의 무한함에 건배!

답장

―
가장 놀라운 것은 매화다
댓잎 사이로 하얀 봉우리를 매단 가지들이
몇 갈래로 뻗어 나왔다
대나무에서 웬 꽃, 할 뻔했다
햇빛이 비치는 방향으로, 공기가 헐렁한
공간으로 터널을 내듯이
나를 모르는 이에게 나를 설명하려 할 때
진땀 나던 순간이 떠오른다
능력이 좋지 않았다, 조건이 맞지 않았다
하지만 내가 나임을 말해야 했다
추구하지 않는다면 누추해지기 때문이다
그렇게 매화에게서 답장이 왔다
차례로 흐르는 전율이 있으므로
하나, 둘, 셋
아는 노래를 모두 불러도 좋을, 박수가
나오는 장르가 되었다
한 사람이 근처에서 휴대폰을 만지작거리고
있지만 꽃망울은 크게 숨을 고른다

―

귀가 순해져

어린 시절 뛰어놀다 돌아보면 저 산이 있었다. 어른들이 호랑이 산이라고 했다. 그사이 호랑이 산의 이쪽저쪽을 오가며 멀리 이사 가지 못했다. 나와 같이 저 산도 많이 참았다. 이제는 어둑한 개의 모습이다. 귀도 순해져 버렸다. 풀이파리 물고 지그시 무슨 생각을 하는지. 온몸이 풀과 나무와 벌레들의 집이 되었다. 평화로운 무덤을 스스로 만들어 온 것도 같다. 묵직하게 지나온 시간을 안고 그 자리에 묻힐 것이다. 이즈음의 나도 평안하다.

이팝꽃 핀 날

노인이 꽃을 올려다본다
엉거주춤 젖힌 허리를 바람이 감싼다
아이들이 모두 돌아간 시간, 교통 지도 조끼도
한시름 놓는다
오래된 이팝나무는 올해도 꽃을 품었다
유달리 꽃샘추위가 길었지, 지금 부는 바람은
오월스럽다
큰길가의 나무들도 초록빛에 겨워서 부풀해지고
노인은 꽃이 돌아와서 기분이 좋다
나무도 사람처럼 나이를 먹지만 매년 피는 꽃은
나이를 먹지 않는다
길 가던 사람들도 작은 탄성을 뱉으며 흘깃거린다
흐드러지고, 흐드러지고
눈에 담으면 아련하고 손을 뻗으면 높기만 할 뿐,
가끔 자잘한 꽃송이 흩날려 눈빛은 멀리까지 간다
집으로 가야지, 노인은 들고 있던 깃대를
말아서 발걸음을 돌린다
묵직한 발자국을 남아 있는 봄이 따라간다

해설

어렴풋하면서도 충만한 그리움 같은

박성현(시인·문학평론가)

 시의 이율배반 중의 하나는 시인이 습득한 사소하고도 개별적인 언어들이, 그 언어로써 '시'라는 명백한 보편성으로 지양된다는 점이다. 그의 폐 속 깊이 터지는 언어의 울림은 시인만이 가질 수 있는 체취로 인해 고유하지만, 목소리에 깃든 말들은 이미 보편성을 향해 열려 있다. 물론 '시'라는 형식이 언어의 보편성을 보장하지 않는다는 것을 상기한다면 애초에 그 언어의 좌표들은 즉각 모호할 수 있다. 그럼에도 인간에게 세속화된 '언어'는 놀랍게도 시의 시스템으로 구원받으며 본래의 보편성을 다시 획득한다. 이 같은 사태는 왜 일어날까. 답을 내리기에 문학의 역사는 짧다. 일단 시의 폭을 넓히고 우회해 보자. '시'가 아니라 시라는 '현상'이 통용되는 회로에는 그 빛이 있지 않을까.
 시-현상이란 작품의 창작과 소비가 이뤄지는 사회적 구조를 말한다. 우리는 이 사회적 구조의 전반을 일상이라 부르는데, 시는 이 일상을 환경으로 내면화하고 이 환경

속에서 발화된다. 이 '일상'이 무엇이고 그의 경계가 정해진 바 없지만 우리의 생활과 실존이 영위하는 모든 시공이라는 것은 누구도 부인하지 않을 것이다. 이 일상에서 통용되는 언어가 시의 발아-체다. 애초에 시의 언어는 타자의 언어이고 타자-들의 상징체계를 습득하면서 내면화하는 독특한 시스템을 갖는다.

우리의 생활과 실존이 고스란히 얽혀 있는 일상의 '말'들이 '예술'이라는 독특한 문장-시스템에 장착되고 그것이 공감을 일으켜 보편적인 감각과 사유로 고양할 때 비로소 '시'는 생성된다. 시는 일상에서 길어 올린 말들의 보고(寶庫)로서 일상어의 특수한 사용이자 그 과정에서 산출되는 미학적 발견이다. 물론 여기에는 시인에게 깃든 또 다른 일상—고유의 말투나 몸짓, 억양과 톤이 덧칠되면서 그 아우라가 완성된다.

특히 고은수 시인의 경우는 그 양상이 삶과 밀착되면서 예술과 일상의 경계를 무너뜨릴 때가 많다. 그것이 본능적이든 아니면 방법의 한 흐름이든 그의 시 쓰기에 긍정적으로 작용한다. "그 사이로 느리게 걸어가는 고양이, 꼬리가 끌고 오는 저녁. 막 시작된 노을도 동네로 내려앉아 식구가 많아졌다. 말소리가 들린다. 아이를 부르는 엄마의 목소리, 거리에서 마주친 어른들은 작은 음성으로 안부를 묻는다. 노란 불빛들이 하나둘씩 켜지면 길 가던 바람도 잠시 벤치에 앉고, 철쭉도 이제 어둡다. 돌아갈 집을 생각해 본다. 저녁은 낮은 음조, 서로를 보듬기 좋은 시간이다."라고 노래하는 시인의 목소리에 귀를 기울여 보자(「여름 저녁에」). 먼 곳에서 속삭이듯 흘러오는 조용한 침묵의 몸짓들이 들려온다. 또는, "그렇게 매화에게서 답장이 왔다/차례로 흐르는 전율이 있으므로/하나, 둘, 셋/아는 노래를 모두 불러도 좋을, 박수가/나오는 장르가 되었다/한 사람이 근처에서 휴대폰을 만지작거리고/있지만 꽃망울은 크게 숨을 고른다"고 노래할 때(「답장」) 이미 시인에게 몰아쳐 온 수많은 일상의 편린은 발아하여 만개한다. 그는 말하고 중얼거리고 멈춰 섰다가 갑자기 돌아가기도 하며 돌담에 웅크려 오랫동안 들꽃을 바라보다가 바지를 훌훌 털고 능선을 넘는다. 일정한 방향과 물결도 없이 단지 자신의 무게로만 사물에 닿는 바람처럼.

*

문제는 일상의 언어가 시로 고양될 수 있으려면 일상에 흡착된 세속적 언어 관습에 저항해야 한다는 점이다. 행갈이를 해서 시의 꼴을 갖춰도 우리는 그 '말뭉치'를 '시'라 말하지 않는다. 삶에 대한 혹은 인간으로서 뭔가 장중한 여운이 서린 문장이나 통찰이 깃든 아포리즘이라 해도 그것을 바로 시라 일컫기에는 요원하다. 일상을 벗어나지 않으면서도 그것을 아슬아슬하게 밀어내는 경계, 어쩌면 그곳이 일상을 시로 엮어 내는 명백한 장소가 아닐까.

무엇보다 고은수 시인은 "가을볕이 저토록 하얗게 바래

가듯이/나는 아무것도 바라지 않아요//이런 느낌이 좋다/막막한 종이 위에 나를 맡기고/솔직해지기만 기다리는 일"이라는 문장에서처럼 시 쓰기란 자신의 오감을 정확히 드러내는 것에서 출발한다고 믿는다(「쓰기」). 그가 보고 듣고 냄새 맡고 매만지는 대상들이 무엇인지, 그리고 그 흐름과 방향이 얼마만큼 시인의 삶에서 조율되고 있는지를 숨기지 않으며 그럴 필요도 없다는 것이다. 이러한 그의 시선에 포착되는 것은 특별하지 않다. 우리가 지금까지 보아 왔고 매만졌던 사물이지만, 우리의 감각에서 유예된 것, 밀려난 것 혹은 받아들이기 쉽지 않은 것들이다. 세련되고 정갈하며 때로는 낡고 헐벗은 그런 사물이다.

그렇게 그의 시는 아득하다. 가벼우면서도 뜨겁다. "그동안 마신 커피의 양은 얼마나 될까, 커피를 마시기/위해 혼자 있었던 시간은 깊었다/내가 나를 열어 주는 길을 더 찾아봐야 한다/마음을 받아먹고 자라난 컵이 곁에 있다"라는 문장에서처럼(「컵이 곁에 있다」), 그는 마지막 한 모금의 커피에도 '내'가 '나'를 열어 주는 길이 있다고 믿으며 사물에 깃든 언어를 살폈기 때문이다. 평범한 사물에 닿는 그의 시선이 언어로 분절되는 순간 그의 심장에는 이미 또 다른 세계가 펼쳐지는 것이다. 아마 몰랐을 것이다. 팔을 펴서 주위 공기를 손으로 훑기 전까지는 자신의 오감이 얼마만큼 정확한지를—"혼자 하는 놀이가 있어요. 팔을 펴서 주위 공기를 손으로 훑는 거예요. 온도를 느끼는 거죠. 그런 뒤에 날씨 앱으로 몇 도인지 맞춰 보는 겁니다. 이제는 거의 정확하죠. 그 순간은 참으로 짜릿하답니다."(「오늘의 기분」)
또는 이렇다. "강아지와 보조를 맞춰서 걸어가는 사람들"
과 "피었던 자리에서 그대로/말라" 가는 백합, 그리고 거리
청소를 마친 누군가가 비스듬히 세워 둔 '싸리 빗자루'가
있는, 그리하여 어느 방향으로든 길이 나오는 '중앙공원'의
어렴풋하면서도 충만한 그리움과 같은(「중앙공원」).

> 솔직하지 못할 때 가슴속엔
> 안개가 가득해
>
> 나는 원래 그래,
>
> 설명하지 않아도 되는 관계가 있다
> 나를 보여 주면 고개를 끄덕인다
>
> (중략)
>
> 눈을 피하듯 밀쳐 두었던
> 진실이 이제야 얼굴을 내민다
> ─「꽃이 비어 있는 시간」 부분

시인은 산책 중에 옆 사람에게 '비어 있음'의 역설을 말한다. 비어 있다는 것은 특정한 무언가의 부재일 뿐이지 시차(視差)에 따라서 얼마든지 가득 채워져 있기도 하다. 만

개했다가 모조리 떨어져 버린 꽃들도, 초록의 잎과 구름의 백색도 되돌아온다. 숨긴다는 것은 "격하기만 했던 어제"와 같다. 안개가 만연한 표정을 짓는 사람은 늘 뭔가를 숨기고 있다. 솔직하지 못한 얼굴을 대할 때 갑자기 치솟는 낯섦 같은 모호함이 가면 뒤에 있다.

  시인은 이런 빗금 친 표정보다는 "설명하지 않아도 되는 관계"의 표정이 좋다고 말한다. 그것이 애틋함이든 신랄함이든 분노든 걱정이든 간에 표정 그대로의 당신을 읽을 수 있다. "나를 보여 주면 고개를 끄덕"이는 그런 꾸밈없는 사이가 되어야 한다는 것이다. "솔직해서 동백이다. 질펀한 팔자 속이지 않는다. 외로움이 시키는 대로 겁도 없이 한방에 털어 줬다. 젖가슴을 훤히 드러내고도 부끄러운 줄을 몰랐다. 세상 볼 새가 어디 있남, 제 안의 심장 소리가 요란한걸. 바람에 날려 가는 불티처럼 시시하기 싫었다. 돌아 나올 길은 애저녁에 없어. 뜨겁게 뭉쳐서 한 송이다."라는 문장처럼(「동백 여자」) 제 안의 심장 소리가 요란한 식물들은 세상 차분하게 볼 새가 없을지도 모른다. 질펀한 팔자 속일 필요 없다. 할 수 있으면 솔직해야 한다. 꽃이 비어 있는 시간이란, 그러므로 이제야 얼굴을 내미는 "눈을 피하듯 밀쳐 두었던/진실"의 순간이다.

  개망초를 바라보는 네 뒷모습은
  내가 가지기로 했다

산을 정면에 둔 망루까지 과감하기
이를 데 없는 곳

하지만 숨겨 둔 아쉬움도 있어,

병산서원 배롱꽃들은
떨어지는
자리가 연못 속이었다

—「妙」 부분

  하필 시인이 본 병산서원 배롱꽃들은 연못 속으로 떨어질까. 하나의 명징한 상징으로 다른 풍경을 압도하는 이미지겠지만, 왜 시인이 호명한 언어는 다른 것도 아닌 '배롱꽃'이었으며, 또 다른 곳도 아닌 "연못 속"이었을까. 시퀀스를 추적하면 답은 의외로 간단하다. 그 키워드는 '묘(妙)'다. 시인과 함께한 사람들은 화끈거리는 안동의 여름날을 같이 지낸다. 마치 만화방창 피어오른 웃음을 지으며 앳된 나이로 돌아간 느낌이다. 온갖 꽃들을 감상하고 자신들의 감정을 이입한다. 하지만 그럴수록 아쉬움이 흘러나온다. 특히 개망초를 바라보는 "네 뒷모습"에는 참을 수 없는 허기마저 서려 있다. "정갈한 것은 깊은 산속에/있었다"는 문장도, "건축에도 호흡이 있다면/이토록 맑으니 멈출 수 없겠지"라는 문장도 자기 자신에게서 멀어지는 것이다. 맑았으니 정갈하고, 정갈하니 호흡도 부드러워야 한다는 것은 당위다. 병산서원의 배롱꽃은 그렇지 않다. 그것은 아쉬움이 없도록 온 힘을 다해 연못 속으로 내려앉는다.

어떤 날에는 칸나를 보고서 다른 색도 아닌 '붉은색'인 까닭이 궁금해진다. "칸나가 피고 있는 화단, 유난히 출렁이는/잎사귀를 유심히 본다//척척 접으면 그간의 상처를 감쌀 수도/있을 것 같은데//너는 나에게 더 붉어지라고/붉음을 덧바른다"라며(「칸나」), 상처를 '상처'로써 감싸안으려는 이유를 든다. 하늘을 등에 업은 듯한, 어깨가 구부정한 노인을 지나치면서도 그는 서랍에 감춰 둔 노인의 목소리들을 열기도 한다―"모아 둔 편지함을 한번/열면 멈출 수 없듯이/추억이 바싹 다가앉는다//몸은 잘 있냐,/여기는 눈와요//울음이 말을 흐려 놓는다/저 안쪽을 누구 앞에 내놓기는/쉽지 않았다"(「눈이 푹푹」). "숨통이 끊기는 느낌으로"(「목백일홍이라고 했다」) 이승의 늦은 여름을 악착같이 버티고 있는 목백일홍을 보면서 그는 생활이 때로는 '살아 내야 하는 것'을 발견한다.

예의 '중앙공원'을 나선 시인은 풍등처럼 하늘을 부유하는 새들을 본다. 자발거리며 날아가는 것도 느리고 장중하며 까마득한 것도 있다. 그보다 더 높은 궤적을 그리는 것은 광폭의 날개를 펼치고 있다. 나의 문장은 내가 보고 듣고 매만졌던 사물의 실재를 얼마나 잘 투영하고 있을까. 시인이 발화했던 문장들은 그가 진실이라고 믿었던 것들이지만 펼쳤던 모든 것들이 진실은 아니었다. 과연 무엇이 진실일까. "내 몸속에 포도 한 송이를 배고 말았네//달콤해서 사무치게 그리운//보랏빛 즙으로 멱을 감고도 남을//이런 말은 모두 포도알 터지는 소리//진한 것만이 진실인 줄 알았더니//내가 낳은 건 단맛 빠진 쓴맛이었어"라는 고백은(「쓴맛」) 자기부정이 아닌, 부정의 역사를 통찰하는 변증법이다. 그는 그 각각의 길을 눈에 담으면서 두 번째 시작(詩作)의 거칠지만 유려한 능선을 걷기 시작한다.

*

 평소 놓치기 쉬운 일상의 단편을 되새긴다는 것도 다분히 역설적인 측면이 있다. 무심코 지나간 흔적을 되짚을 때 우리는 시간의 역전을 경험하게 되는바, 이때 우리는 아직 도래하지 않은 과거를 찾아내게 된다. 나의 경험 중에 완전히 소실된 부분이 되살아나거나, 지금 나타나는 증상의 출처를 환기하면서 경험하지 않았던 무언가를 경험했다고 확신하는 경향이 그것이다. 이런 현상은 일상에서 무시 못 할 만큼 자주 출현하는데, 그때마다 '나'의 과거는 균열하고 변형되며 때로는 전혀 다른 사건의 시작으로도 이어진다.
 흥미롭게도 시인은 이러한 '역전'을 시로 고양하는 데 능숙하다. 가령 시인은 황해도에서 월남하신 할머니의 '입소리'를 "아이호"라고 듣게 된다고 쓰면서 손주가 고단하지 않은지, 호랑이도 안 만나고 잘살고 있는지 묻는 것 같다고 고백한다—"할머니는 황해도 해주 분이다. 한 번씩 입소리를 내는데 어린 내 귀엔 아이호라, 이렇게 들렸다. 그

릴 때 나는 할머니가 모르는 산을 넘어가고 있었다. 갑자기 떡 내놓으라, 는 호랑이도 안 만나고 잘 내려가고 있다고. 고단한 날들이 흘려보내는 바람 소리 같았다."(「입소리」) 여기서 "아이호"라는 의성어는 시인이 재구성한 기호이며, 마치 시인을 부르거나 안부를 묻는 의미-망은 그 기호에 깃든 할머니를 향한 그리움이다. 우리가 미래라 말하는 시간은 변화하는 과거일지 모른다. 확실히 '흘러간 시간'은 얼마든지 사후성(事後性)을 가지게 되며 그러한 채로 과거는 다시 만들어진다.

이미 고개 숙인 꽃이거나

전하지 못한 편지였거나

서랍 밑에 눌려 있던 노래거나

다시 만날 약속을 못 한 얼굴이거나

—「모자」 전문

시인은 '그것'을 본다. 물론 '그것'은 언어의 표리부동에 속박된 채 그를 향하고 있다. 고개 숙인 꽃으로서, 전하지 못했던 편지 혹은 서랍 밑에 눌려 있던 노래로서 말이다. 오래도록 봐도 '그것'은 계속 변신한다. 정확히는 미끄러지고 있다. 잠시 "다시 만날 약속을 못 한 얼굴"로 귀결되는 듯하지만 다시 바뀔 것이다. 시인은 '그것'의 정체가 무엇인지 알고 있다. 모자다. 문맥상 이산가족 상봉이라는 민족의 비극에도 연결된 모자(母子)이며 그 모자 사이 어딘가에 놓인 모자(帽子)이기도 하다. 뭔가 일이 일어나고 사후성은 이를 하나의 사건으로서 점철시킬 만반의 준비를 '모자'를 통해 도모한다.

때문에 '흘려보낸 시간'에 집중한다는 것은, 그 잠재되었고 물들지 않은 풍성한 감정과 이미지들에 집중한다는 말이다. 이 과정에서 새로 돋는 기억은 고은수 시인의 문장-쓰기에 막중한 역할을 한다. 시인은 건너왔으니 지우면 되는데 그는 자신이 놓은 징검다리를 정교하고 꼼꼼하게 알려 주는 방법을 취한다. 이를테면, 「이렇게 하면 되죠」의 뒷짐을 진 노인처럼 두 발로 뒤뚱뒤뚱 건널목을 건너는 비둘기라든가, 「지구도 흐뭇」의 손과 입을 빠르게 놀리며 겨우살이 먹이를 종종걸음으로 채집하는 다람쥐나 「요즘 자유에 대해서 생각하고 있어요」의 거리낌 없이 어디든 진을 치고 앉은 까마귀 등이 그것이다.

또한 "보이는 것과 안 보이는 것이/섞인 그늘은 아프지 않다"거나(「여름 하오」) "끝내 모퉁이에서 능소화와/마주쳤다/사과하는 마음은 저렇게/붉은빛이겠지/바닥에는 미안해, 미안해/전하지 못한 마음이 흥건하다"는(「빗속을 걸었다」) 문장들도 낯설게 돌려세운 일상의 조각이 선명하게 각인되어 있다. 이처럼 인간에게나 낯설지 그 세계에서는 평범한 모습이라는 점에서 일상의 예외적 일탈은 아닌, 경계 속의 또 다른 경계다.

> 노인이 꽃을 올려다본다
> 엉거주춤 젖힌 허리를 바람이 감싼다
> 아이들이 모두 돌아간 시간, 교통 지도 조끼도
> 한시름 놓는다
> 오래된 이팝나무는 올해도 꽃을 품었다
> 유달리 꽃샘추위가 길었지, 지금 부는 바람은
> 오월스럽다
> 큰길가의 나무들도 초록빛에 겨워서 부품해지고
> 노인은 꽃이 돌아와서 기분이 좋다
> 나무도 사람처럼 나이를 먹지만 매년 피는 꽃은
> 나이를 먹지 않는다
> 길 가던 사람들도 작은 탄성을 뱉으며 흘깃거린다
> 흐드러지고, 흐드러지고
> 눈에 담으면 아련하고 손을 뻗으면 높기만 할 뿐,
> 가끔 자잘한 꽃송이 흩날려 눈빛은 멀리까지 간다
> 집으로 가야지, 노인은 들고 있던 깃대를
> 말아서 발걸음을 돌린다
> 묵직한 발자국을 남아 있는 봄이 따라간다
> ―「이팝꽃 핀 날」 전문

 이팝꽃이 피었다. 나무 아래 봄은 분주하게 또 다른 만화방창을 준비하고 있다. 근처 초등학교에서 쏟아져 나온 아이들이 교통 지도를 받으며 교문에서 대기하고 있다. 몸을 가만두지 못한 친구들은 두 다리를 팽팽히 부풀리며 뛰어다닐 준비를 하지만 교사들은 허락하지 않겠다는 단호한 눈짓을 보낸다. 건널목 가장자리에서 교통 지도 조끼를 입은 노인이 그 광경을 보면서 웃는다. 활처럼 휘어진, 이제 막 개화하는 근육은 건강하다.

 노인은 웃는다. 웃으며 이팝꽃을 올려다본다. 엉거주춤 젖힌 허리를 감싸며 바람이 지나간다. 몇 분 안 되는 사이 아이들은 흩어졌다. 아무 일도 없으니 교통 지도 조끼를 벗고서는 한시름 놓는다. 매년 보는 것이지만, 이팝나무는 올해도 어김없이 더운밥을 수북이 쌓아 올렸다. 바람이 불자 꽃이 출렁거리고 밥알이 툭, 툭 떨어진다. 유달리 꽃샘추위가 길어서인지 노인은 참으로 '오월스러운 바람'이라고 생각한다. 큰길가 나무들도 초록빛으로 부품하다.

 다시 노인이 웃는다. 노인은 문득 꽃이 돌아왔으니 무언가 함께 기념해야 할 게 없을까라며 내심 기분 좋게 궁금해진다. 노인은 이팝꽃에 적당한 것을 찾는다. 궁리하지만 쉽지 않다. 길 가던 사람들도 흐드러지고 흐드러진, 그러나 "눈에 담으면 아련하고 손을 뻗으면 높기만 할 뿐"인 꽃의 자태를 못내 서운해하고 있다. 참으로 오월스러운 날이니 잠시 답은 미뤄야겠다. 노인은 깃대를 말아서 집으로 향하는데 그 아련한 풍경을 지켜보면서 "묵직한 발자국을 남아 있는 봄이 따라간다".

 실로 지극히 평범한 사건들이다. 그 시간에 여느 초등

학교에 가도 볼 수 있는, 사소하고 익숙하며 간과하기 쉬운 모습이다. 그러나 그 일상에서 각각의 단면을 잘라 내고, 중심인물을 주변인으로 배치한 시인의 혜안은 놀랍다. 이런 과정은 노인과 학생, 이팝꽃의 각도를 더욱 가파르게 만들고 공감의 영역대를 광폭한다. 이 작품을 산출하는 동안 시인은 그 모든 일들을 새롭게 배치했기 때문이다.

> 말벌이 코앞에 있다
> 이토록 자세하게 생김새를 본 것은
> 처음이다
> 상당히 공격적으로 생겼다
> 날갯짓을 보니 안으로 들어오고 싶어
> 안달이 난 모양새다
> 나도 자리를 뜨지 않고 속으로
> 짜릿하다 할까 고소하다 할까
> 당돌하게 말벌을 응시한다
> 너는 괜한 힘을 빼고 있구나
> 위협 앞에서 팔짱을 낀다
> 이젠 누가 알짱거리는 건지
> 애매하게 되었다
> 말벌은 윙윙거리고
> 나는 트위스트 스텝을 밟아 본다
> 뒤로 돌아서 또 한 번,
> ―「방충망을 사이에 두고」 전문

말벌이 코앞에 있다. 샛노랗고 공격적이고 살기로 가득한 세로줄 무늬를 가까이 볼 기회가 얼마나 될까. 방충망 때문에 말벌과의 전쟁은 지연될 것이지만 그 붕붕거리는 포화 소리는 잊어버리기 어렵다. 날개의 움직임, 각도, 방향을 살펴보니 말벌은 방충망의 내륙에 들어오고 싶은 것이 분명하다. 무척 조바심 나고 안달이 난 상태―시인도 자리를 뜨지 않고 "짜릿하다 할까 고소하다 할까", 승자의 여유로운 웃음으로 말벌을 응시하기 시작한다.

실로 과격하고 진지한 말벌의 위협 앞에서 그는 팔짱을 낀다. 단지 방충망이 있다는 것만으로도 그는 백배의 용기를 갖는다. 순간 포식자와 피식자의 관계가 모호해지고 그리하여 "이젠 누가 알짱거리는 건지/애매하게 되"어 버린다. 여전히 말벌은 윙윙거리는데 시인은 "트위스트 스텝"을 밟으며 "뒤로 돌아서 또 한 번" 춘다. 희화화된 말벌의 우스꽝스러운 몸짓을 대칭하면서.

> 고양이가 소나무 가지 사이에
> 고요를 말아 잠들어 있다
>
> 그것도 대낮에 잠들었다
>
> 그의 날들은 대체로 좌우를 경계하며 소리 없이
> 화단 사이를 오가던, 꼬리는 긴장돼 있었다

모퉁이에서 마주치면 내 눈을 잡아 둔 채로
기를 세우던, 그의 두려움을 보았다

나는 정말 얌전히 지나갔다
고양이의 꿈을 알 수 없었으므로

한 바퀴 돌고 오니

자리만 동그랗게 남아 있다
손대 보지 않아도 따듯하다

—「온김」 전문

 고요를 담요처럼 둘둘 만 자세로, 고양이가 잠들어 있다. 언뜻 보면 소나무 가지 사이에 걸린 빨래 뭉치 같기도 하다. 대낮인데도 세계는 열 길 물속인 듯 기척을 내지 않는다. 적막 그 자체라 해도 과장이 아닐 정도다. 그런데 그 빙하를 깨고서는 고양이 꼬리가 사선을 그으며 흔들린다. 대체로 좌우를 경계하며 "소리 없이/화단 사이를 오가던" 본능은 무료해질 수 없는 모양이다. 그 갑작스러운 태세에 놀란 시인은 옛날 일을 떠올리고 만다. 모퉁이를 돌다가 고양이와 마주친 적이 있었는데, 그때는 얌전히 지나갈 수밖에 없을 정도로 상대방에 대한 공포에 사로잡혔다. 서로의 습성을 알지 못하므로, 서로가 미지(未知)이므로 어쩔 수 없다고 생각하지만 지금까지 그는 "고양이의 꿈"이 궁금했던 것이다. 그리고 "내 눈을 잡아 둔 채로/기를 세우던, 그의 두려움" 또한.

걷다가 길을 돌려세우고 좀 넉넉하게 공터 한 바퀴를 돈 후에 고양이가 잠들었던 소나무로 간다. 거칠고 가파르게 파고들기보다는 느리고 완만하게, 마치 야트막한 언덕을 오르는 것처럼 가야 한다. 내심 이번만큼은 벽이 사라진 기적을 볼 수 있지 않을까 기대한다. 그러나 고양이는 그곳에 없고 햇살 한 뭉치가 걸려 있던, "손대 보지 않아도 따듯"해 보이는 "자리만 동그랗게 남아 있"는 것.

*

애초 고은수 시인이 기저로 삼았던, 느슨한 일상을 정지하고 그 단면을 잘라 내 좀 더 확대한다는 행위 자체가 이미 '낯선 세계로의 돌려세움'을 전제한다. 본능일 수도 방법일 수도 있다. 중요한 것은 시인이 이 과정을 통해 일상을 '일상으로서' 구원한다는 점이다. 흔히 말하길 진짜 죽음이란 누구도 말하지 않으며, 또한 누구도 기억하지 않을 때 시작되는 것이 아닌가. 망각 속으로 흘러가 버린 채, 그래서 그 존재 자체가 무효화된 일상에 대해 우리는 그 어떤 실존도 추구할 수 없다.

어린 시절 뛰어놀다 돌아보면 저 산이 있었다. 어른들이 호랑이 산이라고 했다. 그사이 호랑이 산의 이쪽저쪽을 오가며 멀리 이사 가지 못했다. 나와 같이 저 산도 많이 참았다. 이제는 어둑한 개의 모습이다. 귀도 순해져 버렸다. 풀 이파리 물고 지그시 무슨 생각을 하는지. 온몸이 풀과 나무와 벌레들의 집이 되었다. 평화로운 무덤을 스스로 만들어 온 것도 같다. 묵직하게 지나온 시간을 안고 그 자리에 묻힐 것이다. 이즈음의 나도 평안하다.

─「귀가 순해져」 전문

  친구들과 제멋대로 뛰어놀다 어두컴컴해지면 집으로 향했다. 그런 일이 비일비재했지만, 식구들은 자연스럽게 어린 시인을 감싸고 들었기에 발걸음은 가볍다. 승부가 나지 않은 사방치기가 자꾸 생각나 이물이 든 것처럼 내심 불편했으나 오래전부터 시인을 지켜보던 거대한 그림자를 바라보면서 그 감정을 쫓아 버렸다. 어른들이 "호랑이 산"이라 부르는, 마을을 보듬어 안은 산이다. 늦은 밤중에 길을 나서거나 혼자 집을 지켜야 할 때도 산만 떠올리면 두려움은 사라졌다. 어린 시인을 비롯해 식구들과 마을 사람들은 마치 큰어머니를 대하듯 애틋한 감정을 숨기지 않았다. 그래서인지 이사를 해도 "호랑이 산"의 이쪽저쪽을 오갈 뿐, 멀리 가지는 못했다.
  산은 멀지 않아 분명했고, 높지도 않아 맑고 투명했다. 그러한 까닭에 산도 어린 시인을 지켜보면서 내심 숱한 마음 앓이를 했을 것이다. 훌쩍 커 버렸을 때 산을 보니 "어둑한 개의 모습"이었다. 그러지 않을 법도 한데 귀마저 순해진 느낌이다. "풀 이파리 물고 지그시 무슨 생각을 하는지. 온몸이 풀과 나무와 벌레들의 집이 되"어 버린 "호랑이 산"—산은 "평화로운 무덤을 스스로 만들어 온 것"일까. "묵직하게 지나온 시간을 안고 그 자리에 묻"히려는 것일까. 문득 시인은 자신의 삶 전체가 산에 투영되어 왔다는 사실을 깨닫는다. '나'와 타자에 그어졌던 모든 사선을 지우면서 자칫 망각으로 휘발되었을 산을 호명한다. 그리고 그는 또 하나의 경계를 넘는다—"이즈음의 나도 평안하다." 다만 그러할 뿐이다.